Ein Wort der Autorin

Beim Schreiben dieses Buches habe ich meine Erfahrungen zusammengefasst, in der Hoffnung, dass vielleicht eine Person darin etwas findet, das ihr hilft, aus der Sucht herauszukommen. Wenn durch meine Geschichte auch nur eine Person frei wird, wäre das mein größter Erfolg. Ich bin keine Expertin oder Therapeutin. Ich bin nur jemand, der seinen eigenen Weg gegangen ist und das teilen möchte, was für mich zu 100 % funktioniert hat.

Heute fühle ich mich nicht als „nicht trinkende Alkoholikerin" – ich fühle mich als freier Mensch. Alkohol definiert nicht länger mein Leben oder meine Gedanken. Ich hoffe, dass meine Geschichte jemandem Hoffnung und Kraft gibt, seine eigene Reise in die Freiheit zu beginnen. Ich wünsche dir von Herzen viel Erfolg. Freiheit ist möglich.

Kapitel I
Anfänge – Eine Welt im Schatten des Alkohols

Ich möchte dir eine Geschichte aus meinem Leben erzählen – die Geschichte meines Alkoholismus, von den ersten Anfängen bis zu dem Punkt, an dem ich jetzt stehe. Ich schreibe dies in der Hoffnung, dass meine Geschichte für dich eine Warnung, vielleicht sogar eine Inspiration sein wird, für dich selbst zu kämpfen. Ich glaube, dass man diesen Weg gehen und auf der anderen Seite frei herauskommen kann.

Alkohol war immer in meinem Leben präsent. In meiner näheren und weiteren Familie war das Trinken etwas ganz Normales, ja fast schon kulturell akzeptiert. Es war eine Zeit, in der niemand wirklich darüber nachdachte, welche Folgen Alkohol haben könnte. Er war wie der Hintergrund des Lebens – immer da, in jeder Situation, bei jeder Gelegenheit. Namenstage, Feiertage, Treffen mit Freunden, sogar einfache Nachmittage boten einen Anlass, zum Glas zu greifen.

Ich wuchs mit dem Glauben auf, dass Alkohol ein Teil des Lebens ist. Ich sah ihn nicht als etwas Schlechtes oder Schädliches an, denn schließlich tranken alle. Es war ganz natürlich. Ich selbst begann früh zu trinken. Ich möchte nicht zu sehr ins Detail gehen, denn diese sind hier nicht entscheidend. Wichtiger ist, dass ich lange und regelmäßig trank, ohne zu erkennen, dass etwas nicht stimmte. Alkohol wurde zu einem Teil meines Alltags, etwas, das ich in mein Leben einwebte wie einen immer präsenten Hintergrund. Anfangs sah ich darin nichts Schlechtes. Es war eben Trinken wie alle anderen. Ich dachte, ich hätte die Kontrolle über die Situation, dass ich die Macht darüber hätte.

Als ich jung war, gab mir Alkohol ein Gefühl von Zugehörigkeit, Entspannung und manchmal sogar Selbstvertrauen. Doch bald war seine Präsenz nicht mehr nur eine beiläufige Ergänzung zu gesellschaftlichen Anlässen, sondern etwas mehr. Alkohol wurde zu einem Werkzeug, um mit den Herausforderungen des Alltags, den Problemen und dem Stress umzugehen, mit denen ich anders nicht fertig wurde.

Was zur Norm geworden war, begann mich langsam zu verschlingen, obwohl ich es damals noch nicht bemerkte. Ich glaube, das war der schlimmste Moment in der ganzen Geschichte – dieser Moment, in dem man immer noch denkt, dass alles in Ordnung ist, obwohl man langsam die Kontrolle verliert. Und doch dachte ich, ich trinke so wie die meisten anderen. Schließlich griffen auch die anderen zum Alkohol. Es war eine Möglichkeit, sich zu entspannen, gemeinsam Zeit zu verbringen.

Mit der Zeit jedoch hörte Alkohol auf, nur eine Ergänzung zu bestimmten Anlässen zu sein. Er wurde eine Flucht. Er wurde meine Antwort auf Sorgen, auf Erschöpfung, auf die Probleme, die sich in meinem Leben anhäuften. Obwohl ich in Gesellschaft trank, fühlte ich eine echte Verbindung immer stärker zum Alkohol. Er enttäuschte mich nie, er war immer da, wenn ich ihn brauchte.

Es sah nicht immer so schlimm aus. Manchmal gab es Phasen, in denen ich nur gelegentlich trank, an Feiertagen oder bei wichtigen Ereignissen. Dann kamen wieder Tage, an denen ich öfter zum Glas griff. Es war wie ein endloses Karussell, das sich immer weiter drehte, und ich merkte nicht, dass ich die Kontrolle verlor. Jede Phase meines Lebens sah anders aus, aber der Alkohol war immer im Hintergrund, immer bereit, mich zu begleiten.

Kapitel II
Flucht in die Illusion

Im Laufe der Jahre nahm mein Trinken eine andere Form an. Es wurde immer schwieriger, und ich griff immer öfter zum Alkohol, um mit Problemen fertigzuwerden. Als ich die Vierzig überschritt, kam ein Moment, der mein Leben völlig veränderte. Ich lebte damals allein. Das war wichtig, denn wenn man allein ist, schaut niemand einem auf die Finger. Man kann trinken, so viel man will, ohne Angst vor Verurteilung. Wenn du das selbst erlebt hast, weißt du, wovon ich spreche.

Damals hatte ich einen erwachsenen Sohn, der nach einiger Zeit bei mir einzog. Wir tranken zusammen. Anfangs schien es nichts Ungewöhnliches zu sein. Schließlich tranken alle Erwachsenen in meinem Umfeld. Doch mit der Zeit wurde unser gemeinsames Trinken immer destruktiver. Wir tranken immer öfter, immer mehr. Jeder Tag wurde zu einem Anlass, ein weiteres Glas zu leeren. Mein Sohn war mein Begleiter auf dieser Reise, und ich erkannte nicht, dass wir zusammen auf den Abgrund zusteuerten.

Mein Leben begann auseinanderzufallen, und ich lebte in einer Illusion. Ich sah zwar, dass etwas nicht stimmte, aber ich redete mir immer wieder ein, dass es schon irgendwie gutgehen würde, dass andere es schlimmer haben, mehr trinken. Es war diese kranke Logik, die mein Verstand erschuf. Ein Alkoholiker lebt in einer Illusion. Und diese Illusion ist der schlimmste Teil der Sucht. Wie kannst du etwas reparieren, das du nicht siehst? Wie kannst du aus einem Problem herauskommen, wenn du nicht akzeptierst, dass du eines hast?

Mit der Zeit wurde mir klar,

dass ich mir selbst die Wahrheit eingestehen musste. Nicht der Welt, nicht meiner Familie oder meinen Freunden – sondern mir selbst. Ich war die wichtigste Person in dieser Konfrontation. Nur ich konnte etwas ändern. Ich musste aufhören, mir Sorgen darüber zu machen, was andere über mich denken, wie sie mein Trinken beurteilen, ob ich mich schäme oder ob sie mich verurteilen, falls es nicht klappt. Alles hing von mir ab. Das war der Moment, in dem Fragen auftauchten, die mir die Augen öffneten.

Ich begann, mich zu fragen: Gefällt mir mein jetziges Leben? Wenn ich noch einmal wählen könnte, würde ich das Leben wählen, das ich jetzt führe? Bin ich zufrieden mit meinem Aussehen, meinem Verhalten, meiner Art, andere zu behandeln? Diese Fragen waren der Schlüssel zum Verständnis, wie weit ich mich von der Wahrheit entfernt hatte.

Jeden Tag stellte ich mir diese Fragen und blickte immer tiefer in mich hinein. Jeden Tag antwortete ich mir ehrlich. Am Anfang war das schwer, denn es ist leichter, ein paar kleinere Schläge zu akzeptieren, als einen großen Schlag zu verkraften. Aber mit der Zeit wurde es einfacher. Ich verstand, auf welchem Weg ich mich befand und wohin er führte. Ich habe viele Momente erlebt, in denen ich dachte, dieser Weg würde sich plötzlich teilen und ich würde dem Abgrund entkommen. Aber das war eine Illusion, die mein Verstand erschuf, um mich vor Schmerz und Wahrheit zu schützen. Ich musste verstehen, dass ich die einzige Person war, die etwas ändern konnte. Und so begann der Prozess meiner Heilung. Mein Alkoholismus war nicht „nach Lehrbuch". Oft hören wir von Menschen, die bei unschuldigen Anlässen beginnen und dann allmählich, Tag für Tag, die Kontrolle über ihr Leben verlieren.

Alkohol schleicht sich langsam in ihren Alltag ein, wird zu einem ständigen Begleiter, bis er schließlich die volle Kontrolle übernimmt. Ihr Leben zerfällt Stück für Stück, vor unseren Augen. Bei mir war es jedoch anders, subtiler, weniger vorhersehbar.

Alkohol kam und ging, als wäre er Teil eines größeren Plans, den er selbst festlegte. Manchmal war er intensiv, überwältigend, wie ein Sturm, dem man nicht entkommen kann. Zu anderen Zeiten war er fast unmerklich, wie ein stiller Regen, der leise vorbeizieht und dann verschwindet, als wäre er nie da gewesen. Diese Veränderungen waren für mich fast nicht greifbar. Einmal konnte ich wochenlang fast täglich trinken, und dann kam plötzlich ein Moment, in dem ich keinen Drang mehr verspürte, zum Glas zu greifen.

Mein Trinken war wie eine Sinuswelle – mal auf dem Gipfel, mal im Tal. Manchmal trank ich nur zu besonderen Anlässen – bei Geburtstagen, Treffen mit Freunden, bei Familienfeiern. Es war das sogenannte „gesellschaftliche Trinken", etwas, das völlig normal und sozial akzeptiert schien. Ich sah nichts Schlechtes darin, denn „alle machen es so". Dann kamen Wochen, in denen mich der Alkohol wieder anzog. Und es war nicht mehr nur das eine Glas bei einer Feier, sondern einsames Trinken, in der Stille, ohne Zeugen, ohne das Bedürfnis, es mit anderen zu teilen. Es gab jedoch auch Phasen, in denen Alkohol mich gar nicht interessierte. Tage und Wochen vergingen, ohne dass ich das Bedürfnis verspürte, danach zu greifen. Ich fühlte mich dann, als wäre Alkohol nie ein Problem gewesen. Es waren die Momente, in denen ich mich täuschte, dass mein Trinken unter Kontrolle war, dass es nur eine vorübergehende Phase war und ich jederzeit aufhören könnte. In solchen Momenten schien alles in Ordnung zu sein, und ich fühlte mich nicht wie die Menschen, die täglich trinken müssen, um zu überleben. Aber genau diese Unregelmäßigkeit, dieser Mangel an Vorhersehbarkeit, machte die Illusion der Kontrolle noch stärker.

Auch die Menge an Alkohol, die ich trank, und die Art der Getränke, zu denen ich griff, änderten sich je nach Lebensphase. Es gab Zeiten, in denen mir ein Glas Wein zum Abendessen genügte, um mein Verlangen zu stillen. Ich fühlte mich dann wie jeder andere – eine elegante Frau, die sich abends ein wenig Entspannung gönnt. Aber es gab auch andere Zeiten, in denen mir Wein nicht mehr genügte. Es spielte keine Rolle mehr, was ich trank, solange es viel war und schnell wirkte. Ich griff zu stärkeren Getränken – Wodka, Whisky, was auch immer in der Nähe war. Die Qualität zählte nicht, nur die Wirkung – schnelle Beruhigung, schnelle Erleichterung.

Es gab Tage, an denen ich dachte, ich könnte alles schaffen – mein Leben, mein Trinken, meine Emotionen kontrollieren. Und dann kamen die anderen Tage – Tage, an denen Alkohol die einzige Antwort auf Schmerz, Stress und Einsamkeit war. Ich bemerkte damals nicht, dass ich jedes Mal, wenn ich zum Glas griff, einen Teil von mir selbst dieser Sucht übergab. Ich gab Stück für Stück die Kontrolle über mein Leben ab, ohne es überhaupt zu merken. Rückblickend sehe ich, dass gerade dieser wechselhafte, unvorhersehbare Charakter meines Alkoholismus der tückischste war. Er gab mir nicht das Gefühl, gefallen zu sein, sondern bestärkte mich vielmehr in der Überzeugung, dass ich nicht wie andere war, dass ich immer noch die Kontrolle hatte. Doch das war nur eine Illusion. Jede Rückkehr zum Glas nährte das falsche Gefühl von Kontrolle, das früher oder später zerbrechen musste. Gerade diese Unbeständigkeit war so trügerisch.

Sie ließ mich lange Zeit das Problem nicht erkennen, und wenn ich es doch begann zu erahnen, redete ich mir ein, dass es nur vorübergehend sei und ich jederzeit aufhören könnte. Schließlich gab es doch Momente, in denen ich längere Zeit nicht trank, also war es wirklich ein Problem? Erst viel später verstand ich, dass die Unregelmäßigkeit nicht bedeutete, dass ich nicht süchtig war. Im Gegenteil, es war gerade diese Unvorhersehbarkeit, die mich daran hinderte zu sehen, wie tief ich bereits in diese Spirale geraten war. Alkohol musste nicht jeden Tag präsent sein, um mein Leben zu beherrschen. Er war da, immer bereit, die Kontrolle zu übernehmen, sobald ich mich ergab.

Kapitel III
Der Abstieg auf der schiefen Bahn

Und dann kam der Moment, in dem sich alles veränderte. Es war die Zeit, in der meine Welt begann, in Stücke zu zerfallen, und obwohl ich ein Teil davon war, sah ich noch nicht das volle Ausmaß der Katastrophe. Ich war damals über vierzig. Ich lebte allein, was im Rückblick von entscheidender Bedeutung war. Alleinsein gibt Freiheit, aber dieselbe Freiheit kann eine tödliche Falle sein, wenn man in eine Sucht hineingezogen wird. Dass niemand mir auf die Finger schaute, erlaubte es mir, so viel zu trinken, wie ich wollte, ohne verurteilt zu werden, ohne Einschränkungen. Jeder neue Tag war wie ein endloser Kreislauf – er begann mit Alkohol und endete in seinem Dunst. Anfangs schien es harmlos. Ich trank, um mich nach einem harten Tag zu entspannen, nach stressigen Situationen, nach einsamen Abenden. Doch langsam hörte Alkohol auf, nur ein Mittel zur Entspannung zu sein. Er wurde zu einem täglichen Ritual, fast wie der morgendliche Kaffee oder der abendliche Spaziergang. Immer häufiger bemerkte ich, dass ich den Tag nicht ohne ein Glas beginnen konnte, und wenn es fehlte, schien der Tag unerträglich zu sein. Ich trank immer mehr und immer öfter.

Eines Tages, nach einigen Jahren der Abwesenheit, zog mein erwachsener Sohn wieder bei mir ein. Ich dachte, es wäre ein Neuanfang, eine Chance, unsere Bindung wiederherzustellen, gemeinsam etwas aufzubauen. Doch leider wurde mein Sohn anstelle einer Stütze zu meinem Trinkgefährten. Wir tranken zusammen, und jeder Tag wurde immer unklarer, verschmolz mit den Nächten, an die ich mich nicht mehr erinnern konnte. Ich begann den Tag mit einem Glas und endete in einem Zustand, in dem ich nicht wusste, wie ich eingeschlafen war, was passiert war oder was mich am nächsten Morgen erwartete.

In diesem Moment begann mein Leben, einem Abstieg auf der schiefen Bahn zu gleichen. Jeder Tag brachte mich dem Tiefpunkt näher, doch ich erkannte es nicht. Der Alkohol übernahm die Kontrolle über meine Zeit, meine Beziehungen, meine Gefühle, aber ich wollte es nicht sehen. Ich lebte in der Illusion, überzeugt davon, dass alles in Ordnung war, dass es anderen schlechter ging, dass das, was ich tat, nicht so schlimm war. Wenn ich heute darauf zurückblicke, scheint es mir unglaublich, dass ich so tief in dieser falschen Realität stecken konnte. Das Schlimmste an dieser Situation war, dass mein Leben langsam, aber stetig auseinanderbrach, während ich fest davon überzeugt war, dass es irgendwie gut ausgehen würde. Tag für Tag verlor ich immer mehr, aber ich konnte nicht erkennen, wie zerstörerisch der Einfluss des Alkohols auf mich war. Das, was einst nur ein Mittel zur Entspannung war, wurde nun zu meinem Treibstoff.

Ohne ihn konnte ich nicht mehr funktionieren.
Es war eine Zeit voller Verleugnung. Als ich sah, dass auch andere Probleme hatten und ebenfalls zum Alkohol griffen, redete ich mir ein, dass ich diejenige sei, die die Kontrolle darüber habe. „Die anderen trinken mehr", sagte ich mir. „Ihr Leben ist schlimmer." Ich verglich mich mit Menschen, die noch größere Probleme hatten, um mein eigenes Trinken zu rechtfertigen. Doch tief im Inneren, irgendwo ganz tief, wusste ich, dass das nicht wahr war. Langsam begann ich zu erkennen, dass mein Leben auf die schiefe Bahn geriet und ich diesen Weg beschritt. Doch jedes Mal, wenn dieser Gedanke aufkam, unterdrückte ich ihn, indem ich zum nächsten Glas griff.

Kapitel IV
Die Illusion der Kontrolle

Es ist genau diese Illusion, dieses fehlende Bewusstsein, das der schlimmste Teil des Alkoholismus ist. Wenn man in der Welt der Sucht lebt, sieht man nicht, wie tief man gesunken ist. Jeder Tag vergeht, und man überzeugt sich selbst, dass es gar nicht so schlimm ist, dass es nur ein vorübergehendes Problem ist, dass andere es schlimmer haben. In gewisser Weise ist Alkoholismus wie ein falscher Spiegel, in dem man ein verzerrtes Bild von sich selbst und seinem Leben sieht. Man sieht jemanden, der die Situation im Griff hat, jemanden, der jederzeit aufhören kann. Aber das ist nicht die Wahrheit. Wenn man in der Illusion lebt, verliert man den Kontakt zur Realität. Man hat das Gefühl, dass alles in Ordnung ist, weil man schließlich weiterhin seine Pflichten erfüllt, weiterhin lebt, funktioniert. Selbst wenn sich um dich herum Anzeichen häufen, dass etwas nicht stimmt – du siehst sie nicht.

Oder du willst sie nicht sehen. Schließlich haben andere es schlimmer. Andere trinken mehr, haben größere Probleme, ihr Leben ist zerrütteter. Du denkst: „Ich komme doch noch irgendwie klar. Das ist noch nicht der Tiefpunkt, von dem in den Büchern die Rede ist."

Rückblickend sehe ich, wie blind ich war. Wie hätte ich etwas reparieren können, das ich nicht gesehen habe? Wie hätte ich vor mir selbst stehen und sagen können, dass ich ein Problem habe, wenn ich mir selbst eingeredet habe, dass es keins gibt? In meiner Welt gab es keinen Platz für Reflexion. Jeder Moment, in dem ich innehalten und über mich nachdenken könnte, wurde vom Alkohol überdeckt. Er war mein Schutz vor der Wahrheit, die ich nicht sehen wollte.

In meinem Kopf hatte ich eine falsche Konstruktion aufgebaut, die mich vor der Realität schützen sollte. Wenn andere um mich herum andeuteten, dass etwas nicht stimmt, dass ich mit dem Trinken aufhören sollte, redete ich mir ein, dass sie übertreiben, dass sie es nicht verstehen. In meinem Kopf hatte ich Millionen von Ausreden, die mein Trinken rechtfertigten. „Ich trinke doch nicht jeden Tag, also ist das noch keine Sucht." „Ich kann aufhören, wann immer ich will, ich will nur gerade nicht." Diese Gedanken waren wie Abwehrmechanismen, die es mir erlaubten, weiter zu trinken, ohne mich schuldig zu fühlen. Das Tückischste war diese Stille, die in den alkoholfreien Momenten aufkam. Wenn es Tage gab, an denen ich nicht trank, fühlte ich mich „normal", als hätte ich alles im Griff. Diese Momente der Nüchternheit ließen mich glauben, dass es kein Problem sei, dass es keine Abhängigkeit sei, wenn ich doch ohne Alkohol funktionieren konnte. In Wirklichkeit war jeder dieser „nüchternen" Tage nur eine Pause, nur eine Zeit, die die Stunden bis zum nächsten Griff zum Glas zählte. Und ich griff immer wieder danach.

Mit jedem Tag fiel ich tiefer in diese Falle. Ich hatte das Gefühl, mein Trinken zu kontrollieren, während es in Wirklichkeit mich kontrollierte. Mein Leben verlor langsam an Sinn, aber ich klammerte mich weiterhin an dieses falsche Selbstvertrauen, überzeugt, dass ich jederzeit umkehren könnte, dass ich die Entscheidungen treffe. Der Alkoholismus lehrt dich, perfekt darin zu werden, dich selbst zu täuschen. Mit der Zeit wirst du ein Meister darin, dich zu überzeugen, dass alles unter Kontrolle ist, dass es nur eine vorübergehende Phase ist.

Die Illusion der Kontrolle war mein größter Feind. Wenn ich heute zurückblicke, sehe ich, wie sehr ich mich selbst belogen habe. Jeder Drink, jeder Tag mit Alkohol bestärkte mich in dem Glauben, dass ich die Kontrolle hatte. Dass ich die Entscheidungen traf, nicht meine Sucht. Ich lebte in einer Welt, die ich mir selbst erschaffen hatte, einer Welt, die meine Flucht vor der Wahrheit war. In dieser Welt gab es keinen Platz für Reflexion, für einen Moment des Innehaltens und des Blicks in den Spiegel. Dort gab es nur Illusionen – Illusionen, die Tag für Tag zerstörerischer wurden.

Kapitel V
Die Konfrontation mit der Wahrheit

Das Wesentliche war eines: sich selbst der Wahrheit zu stellen. Nicht der Familie, nicht den Freunden – sondern sich selbst. Dieser Moment, in dem du beginnst zu verstehen, dass du nicht länger in einer Lüge leben kannst, ist ein Wendepunkt. In meinem Leben kam die Zeit, in der ich aufhören musste, mich selbst zu belügen

Lange Zeit machte ich mir Sorgen darüber, was andere über mich dachten. Ich sorgte mich, wie sie mein Trinken sahen, ob sie mich dafür verurteilten oder mich für schwach hielten. Alkoholismus trägt das Stigma der Scham in sich, das schwerer zu sein scheint als die Sucht selbst. Immer wieder kehrten dieselben Gedanken zurück: „Was, wenn ich es nicht schaffe? Was, wenn ich wieder versage?" Die Angst vor dem Scheitern lähmte mich und hinderte mich daran, zu handeln. Jahrelang unterdrückte ich diese Ängste und ertränkte sie im Alkohol.

Doch irgendwann musste ich aufhören, mir Sorgen darüber zu machen, was andere dachten. Mir wurde klar, dass nur ich die Veränderung herbeiführen konnte. Dass ich die einzige Person war, die wirklich Macht über mein Leben hatte. Ich hätte endlos versuchen können, anderen zu gefallen, mein Trinken zu rechtfertigen, Verständnis in ihren Augen zu suchen – aber das änderte nichts. Es war nur eine weitere Falle, die die unvermeidliche Konfrontation mit der Realität hinauszögerte.

Als ich aufhörte, mich um die Meinung anderer zu kümmern, konnte ich mich endlich auf mich selbst konzentrieren. Das war der Moment, in dem die wirklichen Fragen auftauchten – Fragen, die ich mich zuvor nicht zu stellen wagte. Aber nur diese Fragen konnten mich zur Wahrheit führen.

Kapitel VI

Fragen, die alles verändern

Die Fragen, die mir zu kommen Beginnen, waren einfach, aber gleichzeitig erschreckend. Gefällt mir mein jetziges Leben? Eine scheinbar einfache Frage, doch die Antwort darauf war schmerzhaft. Tag für Tag musste ich mich der Tatsache stellen, dass mir das Leben, das ich mir aufgebaut hatte, überhaupt nicht gefiel.

Es war nicht das Leben, von dem ich geträumt hatte, und auch nicht das, das ich gewählt hätte, wenn ich noch einmal neu anfangen könnte. Ich fühlte mich gefangen in einer Falle, die ich mir selbst gestellt hatte, und der Alkohol spielte dabei eine entscheidende Rolle.

Die nächste Frage, die ich mir stellte, war noch schwieriger: Bin ich mit mir selbst zufrieden? Wenn ich mein eigener Richter wäre, würde ich mir ein pozytywów Urteil geben? Leider war die Antwort klar: nein. Ich war nicht zufrieden mit mir selbst. Meine Entscheidungen, meine täglichen Handlungen, meine Beziehungen – all das führte mich in eine Richtung, die weit von Erfüllung entfernt war.

Dann kamen weitere Fragen auf. Bin ich die Mutter, die Freundin, die Schwester, die ich selbst gern hätte? Macht mir meine Arbeit noch Freude? Bin ich ein wertvoller Mensch? Diese Fragen quälten mich täglich, sieliessen mir keine Ruhe. Die Antworten waren schmerzhaft, aber sie waren notwendig. Jeden Tag stellte ich mir diese Fragen, jeden Tag antwortete ich darauf, und mit jedem Tag blickte ich tiefer in mich hinein. Mit jeder weiteren Frage kam ich der Wahrheit näher, die anfangs schwer zu akzeptieren war.

Ich spürte, wie mein Leben in die falsche Richtung driftete, aber erst als ich Beginn, mir regelmäßig diese Fragen zu stellen, konnte ich sehen, wohin ich tatsächlich steuerte. Die Antworten waren am Anfang schmerzhaft, doch mit der Zeit erkannte ich, dass sie der Schlüssel waren, um mich aus der Illusion zu befreien, in der ich gefangen war. Ich musste aufhören, mich selbst zu täuschen. Diese Fragen waren der erste Schritt im Heilungsprozess, denn sie zeigten mir, wo ich wirklich stand, und nicht, wo ich mir einredete, zu sein.

Kapitel VII
Der Weg zur Heilung

Wenn du dir schwierige Fragen stellst, können die Antworten dich erschrecken, aber genau diese Antworten führen zu echter Veränderung. Für mich wurden diese täglichen Fragen wie ein Spiegel, in dem ich mich endlich in voller Wahrheit sehen konnte. Ich hörte auf, mich selbst zu belügen, hörte auf, an die Illusion zu glauben, die ich über Jahre hinweg so sorgfältig aufgebaut hatte. Mit jedem Tag begann ich, die Wahrheit zu erkennen. Und die Wahrheit war, dass ich auf einem Weg war, der in den Abgrund führte.

Ich verstand, dass diese Illusion, in der ich all die Jahre gelebt hatte, nur ein Abwehrmechanismus meines Geistes war. Anstatt mich der Realität zu stellen, hatte ich eine Welt geschaffen, in der Alkohol kein Problem war und ich mein Leben kontrollieren konnte. Mein Verstand, wie der eines jeden Süchtigen, hatte clevere Wege gefunden, um mich vor der Wahrheit zu schützen. Es war eine automatische Reaktion – eine Flucht in die Lüge, die bequemer war, als sich der Realität zu stellen. Als ich begann, diese Mechanismen zu durchschauen, konnte der Heilungsprozess beginnen. Ich erkannte, dass der einzige Weg aus dem Alkoholismus eine vollständige Konfrontation mit mir selbst war. Es ging nicht darum, gegen den Alkohol als Substanz zu kämpfen – das wäre sinnlos gewesen. Der Kampf musste in mir stattfinden. Ich musste verstehen, warum ich überhaupt zum Alkohol gegriffen hatte, welche Emotionen, welche Ängste, welche

Schmerzen ich unter seinem Schleier verborgen hatte. Jede Antwort, die ich in mir fand, brachte mich der Wahrheit näher. Ich begann zu verstehen, dass es nicht nur darum ging, mit dem Trinken aufzuhören. Es ging darum, aufzuhören, vor mir selbst davonzulaufen. Alkoholismus ist nicht nur eine Sucht, es ist eine Methode, mit dem Leben, mit Schwierigkeiten und mit Schmerz umzugehen. Ich konnte verstehen, dass das, was ich wirklich brauchte, nicht nur der Verzicht auf Alkohol war, sondern eine tiefgehende innere Veränderung.

Der Heilungsprozess begann, als ich begriff, dass mein Leben nicht so bleiben musste, wie es bisher war. Ich konnte selbst entscheiden, welchen Weg ich in Zukunft gehen wollte. Ich erkannte, dass ich die einzige Person war, die etwas ändern konnte. Und genau da begann meine wahre Veränderung – langsam, schmerzhaft, aber gleichzeitig unglaublich befreiend.

In jedem von uns steckt das Potenzial zur Veränderung, aber diese Veränderung kommt nicht von allein. Du musst dir erst die schwierigen Fragen stellen und dich dann den Antworten stellen. Du musst aufhören, davonzulaufen, und anfangen, dich der eigenen Wahrheit zu stellen. Das ist der einzige Weg zur Heilung, der einzige Weg, der zur wahren Freiheit führt. Lange Zeit habe ich über eine fundamentale Frage nachgedacht: Ist man ein Leben lang Alkoholiker? Diese Frage kam immer wieder auf, besonders in Momenten, in denen ich Menschen beobachtete, die aufgehört hatten zu trinken. Ich hörte von denen, die in Nüchternheit lebten, aber immer noch mit der Versuchung zu kämpfen hatten. Es hieß, dass ein Alkoholiker nie aufhört, ein Alkoholiker zu sein, dass das Risiko eines Rückfalls immer wie ein Schatten im Hintergrund lauert.

Dieser Glaube – dass man ein Leben lang gegen die Sucht kämpfen muss – erfüllte mich mit Angst, aber auch mit Unverständnis. Gibt es wirklich keinen anderen Weg als den ständigen Kampf?

Ich las darüber, hörte den Menschen zu, analysierte ihre Erfahrungen und begann schließlich, mein eigenes Leben und meinen eigenen Geist zu betrachten. Mir wurde klar, dass Alkoholismus nicht nur eine physische Abhängigkeit von der Substanz ist. Es sind vor allem emotionale Probleme – bewusste oder unbewusste –, die zum zwanghaften Griff nach Alkohol führen. Diese Erkenntnis war für mich ein Wendepunkt. Wenn Alkoholismus vor allem ein emotionales Problem ist, kann die Heilung nicht nur durch den physischen Verzicht auf Alkohol erfolgen. Das reicht nicht aus.

Als ich mein Leben genauer betrachtete, erkannte ich, dass Alkohol eine Antwort auf etwas Tieferes war – auf unerfüllte Bedürfnisse, Ängste, Schmerzen, die ich in mir trug. Es war nicht nur eine physische Sucht, sondern eine emotionale Betäubung. Alkohol half mir, mich nicht mit dem auseinanderzusetzen, was schwierig war – mit meinen Gefühlen, Ängsten, Misserfolgen. Er war wie ein Pflaster auf einer tiefen Wunde, das den Schmerz bedeckte, ihn aber niemals heilte. Darin lag die ganze Falle – wenn ich mich nur auf den Verzicht auf Alkohol konzentriert hätte, hätte ich das eigentliche Problem nie gelöst. Ich wollte mehr. Ich wollte nicht nur aufhören zu trinken und mein ganzes Leben lang für Nüchternheit kämpfen. Ich wollte nicht jemand sein, der jeden Tag die Zähne zusammenbeißen muss, um ohne Alkohol auszukommen. Das war für mich keine wahre Befreiung. Ich wollte frei sein – vollkommen, mental und emotional. Frei von der Sucht, aber vor allem frei von den Gründen, die mich zum Alkohol geführt hatten.

Ich beschloss, dass mein Ziel nicht nur die physische Abstinenz sein würde, sondern eine tiefgreifende innere Transformation. Ich wusste jetzt, dass Alkohol nur die Folge war und nicht die Ursache meiner Probleme. Wenn ich die Ursachen nicht löse, werde ich auch dann, wenn ich aufhöre zu trinken, ein Leben lang gegen die Sucht ankämpfen. Und so leben viele Menschen – sie kämpfen jeden Tag, weil sie nie zur Wurzel des Problems vorgedrungen sind. Ihre Gedanken kreisen ständig um Alkohol, und jede nüchterne Minute erfordert Anstrengung.

Ich wollte nicht so leben. Ich wollte etwas Tieferes verändern, meine Denkweise verändern. Denn wenn wir unsere Denkweise nicht ändern, bleiben wir Gefangene unserer Sucht, selbst wenn wir mit dem Trinken aufhören. Menschen, die nur den Alkohol weglassen, kämpfen jeden Tag, weil ihr Verstand immer noch in alten Mustern gefangen ist. Das ist keine Freiheit – das ist ein ständiger Kampf. Und ich sehnte mich nach einem Leben, in dem ich nicht kämpfen muss. Ich wollte ein Leben, in dem ich nicht mehr über Alkohol nachdenken muss, weil er keine Macht mehr über mich hat.

Also begann ich, daran zu arbeiten, mich mental von dem zu befreien, was mich festhielt. Es war kein schneller Weg, aber je mehr ich meine Einstellung veränderte, desto mehr begann mein Verlangen zu trinken langsam zu schwinden. Ich erkannte, dass ich nicht mein ganzes Leben lang um jeden nüchternen Tag kämpfen musste. Es war keine Frage des Willens mehr, sondern eine Frage der inneren Transformation. Wenn du deine Denkweise änderst, ändert sich alles. Du musst nicht mehr gegen die Sucht ankämpfen, wenn dein Geist und dein Herz frei von den

Ursachen sind, die dich dazu gebracht haben.
Jeder weitere Tag ohne Alkohol hörte auf, ein Kampf zu sein, und wurde zu einer natürlichen Entscheidung. Nicht, weil ich mir ständig sagte, dass ich nicht trinken darf, sondern weil ich keinen Bedarf mehr danach hatte. Dieser Drang verschwand von selbst. Wenn Alkohol aufhört, die Antwort auf emotionale Probleme zu sein, wird er überflüssig, zu etwas, worüber man nicht mehr nachdenkt, weil es keinen Platz mehr für solche Lösungen im Leben gibt. Du musst dich nicht mehr gegen Alkohol wehren, weil es nichts mehr gibt, womit du kämpfen müsstest.
Die Veränderung, die ich erlebte, war tief und dauerhaft. Ich verstand, dass echte Heilung nicht darin besteht, einfach nur mit dem Trinken aufzuhören, sondern darin, dass man aufhört, überhaupt trinken zu wollen. Freiheit kommt ganz von selbst.
Heute weiß ich, dass man den Alkoholismus vollständig heilen kann, wenn man nur sein Inneres heilt. Alkohol hört dann auf, Teil deines Lebens zu sein, nicht wegen Verboten oder Einschränkungen, sondern weil er nicht mehr gebraucht wird. Wenn du dich innerlich frei fühlst, musst du im Außen nichts mehr kontrollieren. Das Verlangen zu trinken verschwindet, weil es keine emotionalen Wunden mehr gibt, die du unter dem Schleier der alkoholischen Betäubung verstecken musst. So hört Alkohol auf, Teil deiner Identität zu sein, und du wirst wirklich frei. Das Verständnis meines Heilungsprozesses erforderte kein spezielles Wissen, keine geheimen Weisheiten oder komplizierten Techniken. Es war eher ein Entdecken der Wahrheit, die schon immer greifbar war, die ich aber zuvor nicht sehen wollte. Es erforderte tägliche kleine Schritte – Geduld und Konsequenz in der Arbeit an mir selbst. Ich verstand, dass ich keine plötzliche, magische Veränderung

erwarten konnte. Die Transformation musste ein Prozess sein, kein einmaliger Akt.

Der erste Schritt war, zu verstehen, was Ethanol wirklich ist. Ich sah Alkohol nicht mehr als Begleiter, als Entspannungsmittel oder als Teil der Kultur, in der ich aufgewachsen war. Ich sah ihn so, wie er wirklich ist – als Gift, das nicht nur unseren Körper, sondern auch unseren Geist zerstört. Wenn wir Alkohol zu einem integralen Bestandteil unseres Lebens machen, geben wir die Kontrolle über uns an eine Substanz ab, die uns zerstört. Ich lernte, wie Ethanol das Gehirn beeinflusst, wie es Neuronen zerstört, unsere Biochemie stört und unsere Wahrnehmung der Realität verändert. Mir wurde bewusst, dass mein Gehirn nach einem Abend des Trinkens Wochen braucht, um sich zu erholen, und ich hatte es jahrelang einer ständigen Zerstörung ausgesetzt. Als ich aufhörte, Alkohol durch die Illusion zu betrachten, die ich mir selbst erschaffen hatte, konnte ich ihn als etwas sehen, das mir langsam meine Gesundheit, mein Leben und mein Glück nahm. Das war ein entscheidender Moment, denn als mir klar wurde, dass ich mich jeden Tag bewusst vergiftete, Beginn ich automatisch, meine Entscheidungen infrage zu stellen. Warum sollte ich etwas weitermachen, das mich umbringt? Diese Frage geisterte immer häufiger in meinem Kopf herum, und mit jedem Tag wurde die Antwort klarer: Ich wollte nicht länger Sklavin dieses Giftes sein. Aber das Aufhören mit dem Alkohol war nur der Anfang. Ich verstand, dass ich wahre Freiheit nur erreichen konnte, wenn ich den Respekt vor mir selbst wieder aufbaute. Respekt vor meinem eigenen Körper, meinem Geist und meinem Leben. Ein Alkoholiker, der sich jahrelang selbst zerstörerisches Verhalten erlaubt hat, verliert diesen Respekt.

Er hört auf, sich um sich selbst zu kümmern, weil er tief in seinem Inneren das Gefühl hat, es nicht wert zu sein. Ich war mir dessen bewusst, weil ich diese Phase selbst durchgemacht hatte. Ich erkannte, dass, wenn ich mein Leben verändern wollte, ich bei den Grundlagen anfangen musste – bei einfachen Dingen, die mir halfen, meine Beziehung zu mir selbst wieder aufzubauen.

Ich Beginn, mich auf die grundlegendste Weise um mich selbst zu kümmern. Ich achtete darauf, was ich aß. Das scheint eine offensichtliche Sache zu sein, aber wie często wird das vernachlässigt, besonders wenn wir in einer Suchtspirale stecken. Ich Beginn, mit mehr Sorgfalt zu kochen, und bereitete Mahlzeiten nicht nur zu, um den Hunger zu Stillen, sondern um meinem Körper wertvolle Nährstoffe zu geben. Ich achtete darauf, dass der Tisch, an dem ich aß, immer sauber und schön gedeckt war. Jede Mahlzeit wurde für mich zu einem kleinen Ritual der Selbstfürsorge, einem Weg, mir selbst Respekt zu erweisen.

Nach der Ernährung war Bewegung an der Reihe. Ich zaczął, spazieren zu gehen, był mir anfangs banal erschien. Doch diese täglichen Spaziergänge hatten etwas Reinigendes an sich. Langsam zaczął ich zu spüren, wie die Luft, die Natur und die rytmischen Bewegungen meines Körpers mir halfen, mein Gleichgewicht wiederzuerlangen. Diese einfachen Aktivitäten, wie ein Spaziergang im Park, Ließen mich innehalten. durchatmen und die Schönheit der Welt erkennen, die ich zuvor nicht gesehen hatte. Das bewusste Bewegen half mir, mich selbst besser zu verstehen. Mit jedem Schritt hatte ich das Gefühl, einem neuen Leben näherzukommen. Allmählich führte ich gesunde Gewohnheiten ein. Es ging nicht darum, plötzliche Veränderungen oder Revolutionen zu erzwwingen.

Ich versuchte nicht, mein gesamtes Leben auf einmal zu ändern, weil ich wusste, dass dies überwältigend sein könnte. Ich zaczął mit kleinen Schritten – besseres Essen, mehr Bewegung, mehr Achtsamkeit. Zunächst waren es Kleinigkeiten, aber sie machten allmählich einen Unterschied. Jeder kleine Schritt in Richtung Gesundheit, Selbstachtung und Fürsorge für meinen Körper war ein Baustein, den ich zum Aufbau eines neuen Lebens hinzufügte.

Ein Schlüsselelement dieses Prozesses war auch das Verlassen meiner Komfortzone. Wenn du jahrelang in einer Sucht lebst, wird deine Welt eng und vorhersehbar. Jeder Tag sieht ähnlich aus, jeder Gedanke kreist um dasselbe: Wann kann ich trinken, wie überstehe ich den Tag, wie entkomme ich der Realität? Ich erkannte, dass ich anfangen musste, Dinge zu tun, die ich früher vermieden hatte. Das Verlassen der Rutine war wie das Atmen frischer Luft nach Jahren in einem stickigen Raum.

Ich Beginn, Orte zu besuchen, an denen ich vorher nie war, und wählte neue Wege, die ich zuvor gemieden hatte. Es waren scheinbar einfache Veränderungen – w innym parku, w nowej kawiarni, w Besuch w teatrze lub w Ausstellung – doch diese Veränderungen w meiner Routine hatten eine große Bedeutung. Ich Beginn, die Welt anders zu sehen, sie neu zu entdecken, als ob jeder neue Tag etwas Wertvolles mit sich Bringen würde, etwas, das gleich um die Ecke auf mich wartete. Das Verlassen meiner Komfortzone war wie ein Bruch mit der Vergangenheit, wie das Entkommen aus der Monotonie der Sucht. Jede Veränderung in meinen täglichen Routinen, więc schwierig sie anfangs auch schien, half mir, mich vom alten Leben zu lösen. Von den Gewohnheiten, die mich zum Alkohol führten, von den Gedanken, die mich in eine Spirale der Zerstörung trieben. Ich Beginn, die kleinen Dinge zu schätzen, die mir zuvor entgangen waren – den morgendlichen Gesang der Vögel, den Duft des Kaffees, das Sonnenlicht, das durch das Fenster fiel. Diese kleinen Momente wurden zu einer Quelle der Freude, die der Alkohol zuvor übertönt hatte.

Jeden Tag erinnerte ich mich daran, wie mein Leben aussehen würde, wenn ich weiter trinken würde. Vor dem Schlafengehen, wenn ich mich in einem frisch gelüfteten Zimmer ins Bett legte, erlaubte ich mir einen Moment der Reflexion. Wie hätte dieser Tag ausgesehen, wenn ich nicht aufgehört hätte? Czy hätte ich getan, wo wäre ich gewesen? Höchstwahrscheinlich hätte ich ihn in Benommenheit, Verzweiflung und Einsamkeit verbracht, mit einem weiteren Glas in der Hand. Diese Gedanken waren mein Antrieb für weitere Veränderungen. Mit jedem Tag erkannte ich, dass mein Leben einen neuen Sinn, eine neue Qualität gewann. Und es waren diese kleinen alltäglichen Veränderungen, die mir das Gefühl gaben, wahre Freiheit zu erleben.

Mit der Zeit bemerkte ich, dass je mehr ich mich um mich selbst kümmerte, desto weniger Platz in meinem Leben für destruktives Verhalten blieb. Der Respekt vor mir selbst wuchs mit jeder gesunden Entscheidung, mit jedem Schritt in Richtung eines besseren Lebens. Letztendlich stellte sich heraus, dass genau diese Veränderungen der Schlüssel zu meiner Freiheit waren. Es ging nicht darum, gegen den Alkohol zu kämpfen, sondern darum, bewusst und Schritt für Schritt ein Leben aufzubauen, in dem Alkohol keinen Platz mehr hatte, weil er nicht mehr gebraucht wurde.

Der Ausbruch aus meiner Komfortzone war ein entscheidender Moment auf meinem Weg zur Freiheit. Wenn du jahrelang in einer Sucht lebst, erschaffst du um dich herum eine Komfortzone, in der alles vorhersehbar ist, und die Routine gibt dir ein trügerisches Gefühl von Stabilität. Diese Komfortzone mag wie ein Schutz erscheinen, ist aber in Wirklichkeit ein Gefängnis, das dich von der Außenwelt, von der Weiterentwicklung und vom wahren Leben abhält. Ich erkannte, dass ich mein Leben nur ändern konnte, wenn ich diese Zone verließ und Beginn, Dinge zu tun, die früher Angst oder Widerstand in mir ausgelöst hatten.

Ich fing mit kleinen Schritten an. Anstatt immer dieselben Wege zu gehen, die ich jeden Tag nutzte, suchte ich nach neuen Pfaden. Das mag banal klingen, aber für mich war es eine symbolische Veränderung – neue Wege bedeuteten neue Anfänge. Anstatt zu Hause zu sitzen, besuchte ich Orte, an denen ich vorher nie gewesen war: Kawiarnie, Kunstgalerien, Parki, die außerhalb meiner üblichen Reichweite lagen. Jeder dieser Schritte, więc klein er auch war, gab mir das Gefühl, mich vom alten Leben, von den Süchten und von der Vergangenheit zu lösen.

Wenn ich beschloss, etwas zu tun, das mir früher Unbehagen bereitete, spürte ich sofort, wie ich meine inneren Barrieren überwand. Ob es der Besuch eines neuen Ortes war, das Einschreiben zu einem Kurs oder das Treffen mit neuen Menschen – all dies half mir zu verstehen, wie sehr meine Routine mich einschränkte. Oft hatte ich Angst, dass mir etwas nicht gelingen würde, dass ich mich in neuen Situationen nicht zurechtfinden würde.

Doch jedes Mal, wenn ich einen Schritt über meine bequemen, bekannten Grenzen hinausging, fühlte ich, dass ich stärker wurde. Ich zaczął, ein Selbstvertrauen aufzubauen, das mir zuvor gefehlt hatte. Die Veränderung meiner täglichen Routinen war für mich eine Form der Befreiung.

Jahrelang, als ich süchtig war, drehte sich mein Leben um dieselben Muster: Wann trinke ich, wo trinke ich, wie verstecke ich mein Trinken? Alles war auf ein Ziel ausgerichtet – den Alkohol in meinem Leben zu halten. Das Verlassen dieser Routine erlaubte mir zu sehen, dass es eine Welt jenseits der Sucht gibt, dass das Leben mehr bietet, als ich dachte.

Doch diese Veränderung war nicht einfach. Es gab Tage, an denen alles schwierig schien. In meinem Kopf tobte immer noch der Kampf – der Kampf mit dem Wunsch, in das alte Leben zurückzukehren, zu dem, byl bekannt und vorhersehbar war. Es gab viele Momente, in denen ich das Gefühl hatte, keine Kraft mehr zu haben, in denen es einfacher erschien, aufzugeben, zurückzukehren zu dem, was bequem, wenn auch destruktiv war. Schwierige Tage tauchten unerwartet auf, wenn mich Emotionen überkamen, die ich nicht kontrollieren konnte und die ich früher mit Alkohol betäubt hatte. Dann fühlte ich, dass das Leben ohne Alkohol zu anstrengend, zu schmerzhaft war. Doch jeden Tag, an dem ich aufgeben wollte, erinnerte ich mich daran, warum ich diesen Kampf begonnen hatte. Ich erinnerte mich daran, wie mein Leben aussah, als ich trank. Jede Schwierigkeit, der ich mich stellte, war nichts im Vergleich zur Verzweiflung und Hoffnungslosigkeit, die mich begleiteten, als ich in der Sucht lebte. Diese Tage, an denen ich kurz davor war, aufzugeben, waren die schwierigsten, aber genau sie lehrten mich am meisten. Ich verstand, dass der Heilungsprozess kein einfacher, linearer Weg ist. Es gibt Höhen und Tiefen, Tage voller Hoffnung i Tage voller Zweifel. Doch jedes, auch noch so kleine, Siegefühl, jeder Tag ohne Alkohol war ein Baustein, den ich in das neue Fundament meines Lebens setzte. Ich war frei. Frei nicht nur vom Alkohol, sondern vor allem von dem, was mich in seinen Klauen gehalten hatte. Mein Leben hatte sich verändert, und ich war eine neue Person geworden – jemand, der das Leben genießen kann, ohne in die Illusion der Sucht zu fliehen. Heute weiß ich, dass der größte Erfolg auf meiner Reise nicht nur die Abstinenz ist. Die Abstinenz allein, so groß sie auch ist, definiert meine Freiheit nicht vollständig. Der wahre Sieg kam, als ich mental aufhörte, eine Alkoholikerin zu sein. Das bedeutet nicht, dass ich meine Vergangenheit vergessen habe oder die schwierigen Lektionen, die mein Trinken mit sich brachte, ignoriere. Im Gegenteil – das Bewusstsein für diese Lektionen hat mir ermöglicht, auf die andere Seite zu gelangen. Ich verstand, dass das Trinken nur ein Symptom tiefer liegender Probleme war, denen ich mich stellen musste. Ich hörte auf, gegen den Alkohol als Substanz zu kämpfen, und konzentrierte mich darauf, mein Inneres zu heilen.

In der Zeit, als ich noch tief in der Sucht steckte, schien mir die Vorstellung von Freiheit unerreichbar. Selbst in Phasen der Abstinenz schwebte immer irgendwo im Hintergrund der Gedanke: „Was, wenn ich wieder zum Glas greife?" In meinem Kopf war das Trinken wie ein stiller, ständiger Begleiter, der jederzeit zurückkehren konnte. Jeder nüchterne Tag erforderte Anstrengung, Fokus und Selbstkontrolle.

Doch heute, wenn ich mich selbst betrachte, existiert Alkohol für mich nicht mehr. Er ist etwas Fremdes, etwas, das keinen Platz in meinem Leben und in meinen Gedanken hat. Es ist, als hätte ich nach Jahren des Tragens einer Last diese endlich von meinen Schultern geworfen und gespürt, wie leicht das Leben sein kann. Früher dachte ich, Nüchternheit würde mich für immer wachen lassen, dass ich mich jeden Tag daran erinnern müsste, warum ich nicht trinken will. Jetzt weiß ich, dass wahre Freiheit darin besteht, dass ich nicht mehr kämpfen muss. Das Verlangen zu trinken ist einfach verschwunden, weil es kein Bedürfnis mehr gibt, das der Alkohol befriedigen könnte.

Ich kann mir nicht vorstellen, jemals wieder zum Trinken zurückzukehren. Wenn ich an die Zeit denke, als ich in den Fängen der Sucht war, erscheint sie mir fern, fast unwirklich. Es ist, als würde ich auf jemanden völlig Fremdes blicken, jemanden, der ich einmal war, der aber nicht mehr existiert. Selbst wenn mir jemand sagen würde, dass ich früher getrunken habe, könnte ich es nicht begreifen – ein solcher Gedanke ist mir jetzt völlig fremd. Das ist wahre Freiheit.

Mit dieser Geschichte wollte ich nicht nur meine eigenen Erfahrungen teilen, sondern auch anderen helfen. Ich wollte, dass diejenigen, die mit ähnlichen Problemen kämpfen, wissen, dass es einen Ausweg gibt, dass man anders leben kann. Oft scheint Alkohol der einzige Ausweg, der einzige Weg, um mit Schmerz, Stress und Einsamkeit umzugehen. Lange Zeit dachte auch ich, dass es keinen anderen Weg gäbe, dass der Alkohol mein einziger Begleiter in schwierigen Momenten war. Aber ich habe verstanden, dass nicht der Alkohol das Problem ist. Alkohol ist nur ein Werkzeug, mit dem wir versuchen, tiefere Wunden zu verdecken, die wir in uns tragen.

Ich erkannte, dass ich mich, um wirklich zu heilen, nach innen wenden und mich mit dem auseinandersetzen musste, was mich zum Alkohol greifen ließ. Es war kein schneller oder einfacher Prozess. Es gab Tage, an denen ich das Gefühl hatte, dass alles zu schwierig war, dass es einfacher wäre, aufzugeben. Aber jedes Mal, wenn ich meinen inneren Dämonen die Stirn bot, gewann ich mehr

Kraft. Wenn man bei sich selbst anfängt, fügt sich alles andere ins richtige Bild. Wenn du verstehst, dass die Quelle deiner Sucht tiefer liegt als in der Substanz selbst, beginnst du, dein Leben auf einem stärkeren Fundament aufzubauen.

Ich sage nicht, dass der Heilungsprozess einfach ist. Aber er ist möglich. Jeder hat die Kraft in sich, diesen Prozess durchzumachen und auf der anderen Seite stärker, bewusster und lebendiger herauszukommen. Man muss nur bei sich selbst anfangen – zu verstehen, welche Wunden man mit dem Alkohol zu heilen versucht, und die Ursachen zu finden, die sich unter der Oberfläche der Sucht verbergen. Wenn du anfängst, an dir selbst zu arbeiten, wirst du feststellen, dass Alkohol überflüssig wird. Du musst nicht jeden Tag gegen die Sucht kämpfen, wenn du das heilst, was ihr zugrunde liegt.

Ich schreibe diese Geschichte, weil ich glaube, dass mein Weg eine Inspiration für andere sein kann. Du bist nicht allein. Viele Menschen sind durch das gegangen, was du jetzt durchmachst. Auch ich habe einst nicht geglaubt, dass man anders leben kann. Aber jetzt weiß ich, dass es möglich ist. Und ich möchte, dass du weißt, dass auch dein Leben sich verändern kann.

Ich wünsche dir Freiheit. Sie schmeckt wunderbar. Die Freiheit, die ich jetzt fühle, ist das wertvollste Geschenk, das ich mir selbst gemacht habe. Dieses Gefühl, dass mein Leben in meinen Händen liegt, dass ich selbst über mich entscheiden kann, ohne die Angst, dass etwas außerhalb von mir die Kontrolle übernimmt.

Auch dein Leben liegt in deinen Händen. Du hast die Kraft, alles zu verändern. Es wird vielleicht nicht einfach sein, und es wird schwierige Tage geben, aber jeder Schritt, den du in Richtung Freiheit machst, wird es wert sein!

Viel Erfolg! Du hast es in dir.